Unser 3. Auge öffnen

Wie wir mehr Hellsicht & Klarsicht erlangen

Lassen Sie sich fallen in die Arme Ihrer Seele und Sie sind, das Sie Sind Bewusstsein. Das heißt, sie sind Gottes Glanz, denn Sie sind Licht.

Spüren Sie die Liebe Gottes und Sie öffnen Ihr drittes Auge. Und Gott berührt Sie.

In dem Workshop werden Techniken des Eins-Seins demonstriert, und wir erkennen, wer wir in Wahrheit sind. Ewig Gott selber. Unsere Licht-Horus Augen leuchten, und wir sprechen ägyptisch für Hohe Seele, Höchstes Selbst, Bewusstsein & Lebenskraft: Ba Ra Sekhem. Und Licht-Horus heilt uns. Namasté und viel Freude mit dem Buch, das dem Erwecken dient.

Zu meiner Person:

Nach und während einer klassischen Ausbildung, einem Studium im geisteswissenschaftlichen Bereich und einer Dissertation, wurde der spirituelle Weg immer deutlicher für mich zum Leitstern meines Lebens in dieser Welt.

Die hohen Energien von Avalon, die die Druiden einst einsetzten, um heiliges Wissen zu verbreiten, kehren zurück, und in dieser Tradition steht sowohl diese Publikation, wie mein Leben im Licht der Einheit.

Merlin, der aufgestiegene Meister, der ich bin, hat in der neuen Zeit die Aufgabe, mit den Menschen an dem Austiegsprozess zu arbeiten und sie daran zu erinnern, dass sie das hohe Liebesbewusstsein Gottes sind. Namasté.

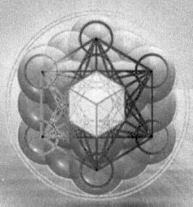

Workshop

Unser 3. Auge öffnen –
Wie wir mehr Hellsicht & Klarsicht erlangen

Dr. Christian Hüls

Informationen und weitere Hinweise:
www.christian-huels.de
Blog: spirit.fotografie-huels.de

Bibliografische Information der Deutschen Nationalbibliothek:
Die Deutsche Nationalbibliothek verzeichnet diese Publikation in der Deutschen Nationalbibliografie; detaillierte
bibliografische Daten sind im Internet über www.dnb.de
abrufbar.

Herstellung und Verlag:
BoD – Books on Demand, Norderstedt
ISBN 9783748193333

Inhalt

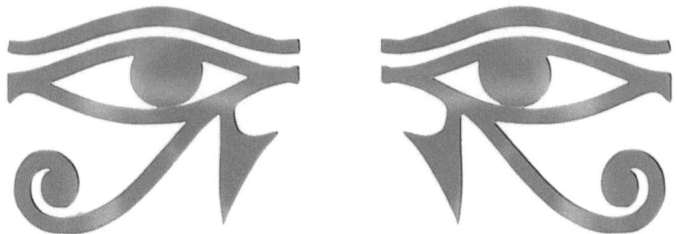

Heilung des dritten Auges

Gott ist unendliche Liebe und Gnade, und er oder sie heilt unser drittes Auge. Dies hat sozusagen seinen Sitz im Gehirn, in den Spinalganglien, in der Zirbeldrüse, aber auch die Emotionen spielen eine Rolle, so zum Beispiel die Mandelkerne. Unser System im Gehirn ist komplex, und so sind viele Areale beteiligt, wenn wir Hellsehen und Hellhören.

In letzter Instanz sind wir Illusionen. Insofern kann unser drittes Auge sehr schnell heilen, auch ohne Vorübung oder Entkalkung der Zirbeldrüse, wie dies manchmal empfohlen wird.

Wir brauchen auch keinen „Supertransmitterstoff" wie DMT, um hellzusehen oder unser spirituelles Wachstum zu beschleunigen.

Wir können eine kleine Übung machen, um unser Auge zu heilen.

Wir bitten Gott, unser drittes Augen zu öffnen.

Spüren wir dies?

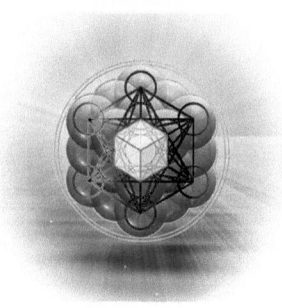

Ba Ra Sekhem, und dies heißt: Gott/hohe Seele, die ich bin, ich bin Bewusstsein (Ra) und Lebenskraft, universelles Chi und mehr, Macht als Licht in allen Reichen und Dimensionen. Ich öffne mich für Gott.

Was lässt er oder sie uns sehen?

Nehmen Sie sich ein wenig Zeit, wenn Sie nun hineinspüren.

Bitten Sie Gott in tiefer Liebe und Demut, ihr drittes Auge nun zu öffnen.

Spüren wir die Liebe Gottes? Spüren wir seine Gegenwart? Dann ist ein erster Schritt getan. Wir werden gemeinsam wachsen. Gott ist nichts außerhalb von uns. Wir sind Gott selber.

Dieser Satz ist ernst gemeint.

Denn wenn wir Gott selber sind, dann dürfen wir alles und können wir alles, unter anderem Hellsehen und Hellhören.

Wir sind immer mit Allem was ist verbunden. Und so sind wir Licht. Dies ist eine schöne Affirmation. Denn in Wahrheit gibt es dieses Universum und uns nur als Illusionen, als Gedankenspiel Gottes, der oder die wir in Wahrheit sind. Und so blicken wir hinter die Kulissen, wenn wir unser drittes Auge heilen. Und dies tun wir.

Wir danken Gott, und auch wenn dies paradox erscheinen mag, dafür, dass wir nun erwachen. Und wir tun dies in tiefer Liebe und Demut, denn wir

Ich bin Lebenskraft und Wille. Ich bin (ägyptisch): Ba Ra Sekhem. Und ich spüre dies. Gott lenkt, und er oder sie ist unendliche Liebe & Gnade, und wir widmen uns dem Eins-Sein in uns selbst, und die Erde ist Licht. Sie ist eine Quantenillusion, und sie heilt, wenn wir dies wollen. Wir spüren die Liebe Gottes, und wir sind, die wir sind. Die Erde ist Licht, und Ihr Atem berührt die Seelen. Ba Ra Sekhem.

erwecken uns selbst, und mit uns Gott, denn dann können wahre Wunder des Eins-Seins geschehen.

Gott lenkt, und wenn wir uns ganz dem Licht öffnen, dann geschehen diese Wunder des Eins-Seins.
Gott heilt, und wir mit ihm.

Wir müssen uns bloß ganz dem Licht widmen. Und wir tun dies durch folgende Affirmation zum Beispiel:

Ich bin Licht, ich bin Liebe, ich bin Wille, ich bin Weisheit. Ich bin in letzter Instanz Gott selber, und ich manifestiere aus dem höchsten Bewusstsein, dass ich Liebe bin.

Um dies ägyptisch zu betonen:

Ba Ra Sekhem. Dies heißt: höchstes Bewusstsein (Seele, Höchstes Selbst), Lebenskraft und -fülle Gottes. Und ich bin, der ich bin.

Dieses Buch wird nun mit Meditationen, Affirmationen, also Anrufungen der hohen Ich-Bin-Präsenz verfahren. Dies heißt, dass Sie ganz auf die Stimme Gottes vertrauen, und die Meditationen in Ruhe nachsprechen, die hier verzeichnet sind.

Ich benutze Fachbegriffe oder rufe aufgestiegene Meister an. Dies ist der Sache dienlich. Sie helfen. Sie

Ba Ra Sekhem heißt: wir sind Gott selber und Alt-Atlantis wirkt, und wir sind Licht. Gott lenkt, und wir erleben uns als Licht.
Kuthumi, der aufgestiegene Meister hilft, und wir widmen uns dem Eins-Sein und -werden mit Gott und den Engeln, wenn dies unser Wunsch ist. Und wir können bitten, Gott, erwecke mich in allen Bereichen, ich bin Licht und Liebe und Wille und Weisheit, und ich bin, der ich bin.

sind Seelen, die den Weg des Aufstiegs gegangen sind, und sie helfen der spirituellen Einheit in uns selbst.

Bekannte Meister wie Jesus, Kuthumi, Maria Magdalena, Merlin, St. Germain, Hilarion, El Morya, Serapis Bey, Kuan Yin und weitere, wie Lanto oder Paolo Veronese, sie waren ihrer Zeit weit voraus. Sie dienen dem Eins-Sein in uns selbst, und wir erlangen Meisterschaft mit Ihnen, indem wir Sie bitten, unser Eins-Sein zu unterstützen.

Eine Bitte lautet nun an Kuthumi, der uns die Hand reicht, und der, wie wir, Licht ist: uns zu unterstützen.

Und wir spüren dies.

Und wir sind die, wir sind.

Und Kuthumi wird nun unser drittes Auge berühren und streicheln. Ganz sanft berührt er unser drittes Auge und unser Gehirn.

Und wir sind Licht.

Und wir sind, die wir sind.

Kuthumi reicht uns die Hand.

Spüren wir dies?

Sind wir, die wir sind?

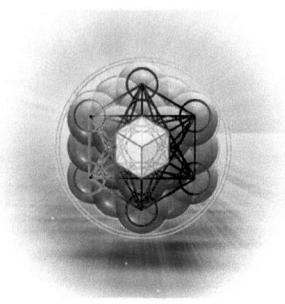

Gott, erhöhe meine Schwingung, denn ich bin Licht, und ich bin, der ich bin. Ich bin Ba Ra Sek-hem.
Und ich bin Licht. Kuthumi reicht mir die Hand, und wir gehen den Weg in die göttliche Urquelle, die uns berphrt und erhellt, erweckt und liebt, und ich bin, der ich bin.
Ba Ra Sekhem.

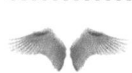

Und wir nehmen dies ernst. Wir sind Licht. Und Gott berührt uns.

Und Gott heilt. Und Gott heilt unser drittes Auge. Es ist der Sitz in unserem Gehirn, der Sitz der Zirbeldrüse, der geheilt wird. Und sie heilt. Sie wird „erweckt".

Und wenn unser Gehirn heilt und ganz erweckt wird, dann dienen wir ausschließlich Gott und dem Licht.

Und wir sind Licht.
Wir sind das Wir-Sind-Bewusstsein.

Und wir spüren dies. Und mehr Gelassenheit sei.

Und wir sind Licht, und Gott heilt; er berührt unser Gehirn und Kuthumi, der aufgestiegene Meister ebenso.

Und wenn Gott dies will, so leben wir von nun an im Licht der Einheit, die wir in Wahrheit sind, und wir erkennen und spüren dies genau.

Gott ist Licht.

Gott ist unendliche Liebe und Gnade, Fülle, Reichtum und Frieden.
Und wir erlauben, dies zu sein, denn wir selbst sind Gott.

Merlin reicht uns die Hand. Spürt die Liebe, die er ist, und wir sind Licht. Ba Ra Sekhem. Und Gott heilt.
Wenn Merlin es wünscht, heilt er Euer drittes Auge, und Ihr bittet ihn. Ba Ra Sekhem.
Ihr seid Licht.
Und Gott ist.
Ba Ra Sekhem. Ich bin Höchstes Selbst, Bewusst-sein, Lebenskraft.
Und ich bin, der ich bin.

~~~~~~~~~

Und wir spüren erneut, wo wir Lernthemen haben.

Und sie erscheinen uns vor unserem dritten Auge.

Sie sind ganz zu „erchanneln", so der Begriff.

Wenn wir ganz aufsteigen, dann erkennen wir diese Lernthemen praktisch automatisch.

Denn wir werden geführt von Gott, den Engeln und Erzengeln, den aufgestiegenen Meisterinnen und Meistern sowie der hohen Seele.

Wir sind Licht.

Und wenn wir Gott dienen, und obwohl, da wir Gott sind, dies paradox klingen mag, werden wir erweckt auf allen Ebenen des Seins.

Erweckung meint, ganz heil zu sein.

Und wir sind dies, und wir spüren dies.

Die Heilung fließt ein. Sie ist Gottes Geschenk an uns.

Und wir sind, die wir sind.

Wir sind Glück, wir sind Frieden, und wir sind Licht.

Und wenn wir uns ganz dem Licht widmen, dann

*Kuthumi reicht Euch die Hand. Er ist Licht und
Liebe, und die göttliche Weisheit Kuthumis heilt
Euch. Ihr seid Licht. Und Ihr betont dies.
Ich bin Licht, ich bin Liebe, ich bin Wille und
Weisheit, ich bin Licht. Und ich erlaube mir selbst,
hellzusehen und zu -fühlen. Unendliche Liebe
& Gnade fließen ein. Fülle, Reichtum und Liebe
durchströmen Euch. Und der Planet heilt. Ba Ra
Sekhem. Gottes Wille ist es, die einstigen Wege des
Lichtes zu erleben, und nicht die Dualität. Seid,
und Ihr seid Licht. Die Aufstiegsprozesse heilen
Euch. Und Ihr seid, die Ihr seid.*

geschehen wahre Wunder des eins Seins, so ist es.

Und wir spüren dies.

Widmen wir uns ganz dem Licht, und wir fühlen, wie sich dies anfühlt, und Gott erlaubt es, denn wir sind Gott selber.

Und wenn wir Licht sind, sprechen wir mit den Engeln und Erzengel, den aufgestiegene Meisterinnen und Meistern und spüren die Liebe und Gnade Gottes, und unser drittes Auge heilt.

Wie spüren wir, dass wir ganz heil sind?

Indem wir Gott wahrnehmen und ihn oder sie ganz verkörpern.

Nehmen wir Gott einmal ganz war.

Wie fühlt er sich an?

Erweckung meint, dass wir Gott sind, und dass wir uns erinnern, wer wir in Wahrheit sind.

Und so bitten wir Gott, die höchste Instanz, in Liebe und Frieden uns zu erwecken in allen Bereichen unseres Daseins. Und unser drittes Auge heilt.

Gott ist reine Liebe, Gnade, und er oder sie erweckt

Gott ist, und Ihr seid Licht, und Ihr seid Gott selber,
und alles ist in uns und nicht im „Außen", denn
Gott ist, und wir sind. Und in Wahrheit gibt es kei-
ne Trennungen, und Ihr seid Licht. Ba Ra Sekhem.
Lasst die Trennungen los, und Ihr seid Licht.
Ba Ra Sekhem.
Ich lasse alle Trennungen los, könnt Ihr sagen.
Und Ihr spürt dies.
Gott ist.

uns, wenn er dies wünscht.
Und wir sind, die wir sind.

Und wir sind reines Glück, innerer Frieden, und Gnade.

Wir sind die Gnade der Rückkehr in unser hohes Einheitsbewusstsein, in dem es keine Trennungen und Trennlinien mehr gibt.

Und so lösen wir alle Trennungen und Trennlinien in uns, die jemals existiert haben.

Und wir sprechen erneut:

Ich bin Liebe, ich bin Wille, ich bin Weisheit.
Ich bin das hohe Ich-Bin-Bewusstsein, und ich erlaube dies.
Ich und mein inneres Kind, wir gehen den Weg gemeinsam.
Wir sind Licht, wir sind Liebe, wir sind Wille, wir sind Weisheit, und wir channeln in der Reinheit des göttlichen Bewusstseins und in Licht und Liebe, und nur mit der lichtvollen geistigen Welt.
Ich löse alle Trennlinien in mir.
Ich löse alle Versprechen an die Dunkelheit, die ich jemals gab.
Ich bin Licht.
Und ich bin, der ich bin.

Die Aufstiegsenergien sind sehr hoch. Sie erlauben, hohes Wissen und Fähigkeiten wieder zu integrieren. So sind wir Licht.
Und wir lieben das Leben, denn wir sind, die wir sind. Wir spüren Gott selber, und er oder sie ist weder männlich noch weiblich, er ist unendliche Liebe und Frieden. So spürt den Frieden Gottes in Euch selber.
Ba Ra Sekhem.

Und ich löse alle Verlassenheitsgefühle in mir, alle Ängste, alle Trennungen, und alle nicht gelebten Gefühle dürfen da sein.

Und wir sind Licht. Denn wir sind in Wahrheit Gott selber.

Und wir leben im Licht der Einheit.

Und wir genießen unser Dasein.

Und unser drittes Auge heilt.

Und in Ägypten, und der Zeit von Atlantis, gab es ein altes Gebet.

Es lautet:

Ich bin Licht, ich bin Liebe, ich bin Wille, ich bin Weisheit, ich bin Gott selber, der oder die ich in Wahrheit bin.

Und ich löse alle Verlassenheitsgefühle in mir erneut. Ich bin Licht.

Und ich danke Gott, der oder die ich in Wahrheit bin.

Und nun löse ich alle Treueeide, die ich jemals gab.

Dies sind: Eide, Gelübde, Gelöbnisse, die dem Licht nicht dienen.

*Ägypten wirkt und Atlantis, und wir spüren dies.
Wir sind Licht, und die Anteile in uns heilen.
Wir sind Licht. Wir bitten die lichtvolle geistige
Welt, uns zu helfen und die Engel und Erzengel
reichen uns die Hand. Sie erhellen uns. Ba Ra
Sekhem. Spürt die Liebe Gottes, und sie heilt. Ba
Ra Sekhem.*

Und ich erlaube mir dies. Und ich erlaube mir selbst das Channeln und Hellsehen, Klarfühlen und -hören. Ba Ra Sekhem.
Und ich diene ausschließlich Gott und dem Licht.

Ich und mein inneres Kind, wir sind frei, frei, ewig frei.

Und ich betone dies, indem ich spreche:

Ba Ra Sekhem.

Und ich bin dies: Sekhem.
Und ich bin Licht.

Und ich löse alle Gebinde, die meinem Licht nicht dienen.

In mir gibt es keine Trennungen.

Und ich löse alle Verbindungen zur Dunkelheit, die ich jemals ertrug oder erschuf.

Und alles ist Licht.

Ich löse alle Trennlinien in mir.

Und ich erlaube mir selbst, zu channeln.

Und ich bin Licht.

Gott lenkt, und wir bitten die Engel und Erzengel um Hilfe, sie sind unendliches Licht und Gnade. Sie sind, die sie sind. Und wir sprechen ein Gebet an die hohe Seele, denn wir sind Licht:

Bitte Gott, der ich in Wahrheit bin, lass mich mit Hilfe der Erzengel hier auf Erden die Heilung und Transzendenz erleben, die sich meine Seele wünscht.
Dies ist so. Denn ich bin Licht, und in Wahrheit Gott selber. Ba Ra Sekhem.

Merlin reicht Euch die Hand, und Ihr seid, die Ihr seid.
Ägyptisch: Ba Ra Sekhem: Hohe Seele, Höchstes Selbst, Bewusstsein, Lebenskraft, und der Ba heilt. Ba Ra Sekhem.

Die lichtvolle geistige Welt reicht uns nun die Hand. Zum Beispiel durch den aufgestiegenen Meister Merlin oder St. Germain.

Und wir spüren dies. Unser drittes Auge heilt. Wenn dies auch Gottes Wille ist, und er erlaubt dies.

Er ist weder männlich noch weiblich.

Und er vergibt uns, alles das, was wir jemals taten. Denn in der Dualität, der sogenannten, sind die Lernthemen vielfältig, und zum Teil sogar gewalttätig.

Wenn wir aber bereit sind, den Weg des Lichtes, der Vergebung, der Heilung zu gehen, so zeigt uns Gott dies durch Erhabenheit, durch Liebe, durch Frieden.

Und wie spüren dies. Zum Beispiel durch Gelassenheit.

Und in Wahrheit gibt es nur Licht.

Und in Ägypten sprachen wir, um dies zu betonen:
Ba Ra Sekhem.
Gott heilt, und wir sind Licht. Erneut: *Ba Ra Sekhem.*
Und ich bin, der ich bin.

Und so leben wir dies. Wir sind Sekhem. Dies heißt Lebenskraft, Fülle, Glanz und Liebe. Wir können be-

Gott ist unendliche Liebe und Gnade. Und wir sind Liebe. Wir manifestieren dies.
Ba Ra Sekhem für Bewusstsein, Lebenskraft, und wir sind Licht.
Wir sind Ba Ra Sekhem.
Und wir heilen erneut im Licht Gottes, denn wir sind Leben.

Merlin ist Licht und reicht uns die Hand.
Wir spüren seine Liebe, und sie heilt. Gott ist, und wir sind Licht. Ba Ra Sekhem, Ba Ra Sekhem, Ba Ra Sekhem.
Und die heilige Barke leuchtet. Sie ist Licht und heilt uns. Ba Ra Sekhem, Ba Ra Sekhem, Ba Ra Sekhem, und wir sind Licht.

tonen, dass wir dies sind.

Und wir sind Licht.

Und wir sind Gott selber.

Und Gott erweckt unser drittes Auge erneut.

Und er ist ungeheure Kraft und Licht.

Und er ist weder männlich noch weiblich, und er durchscheint alles.

Und wir lösen alle Versprechen an die Dunkelheit erneut, ob aus früheren Leben, oder aus diesen.

Und ich bin Macht, dies betonen wir jetzt, in dem wir sprechen:

Ba Ra Sekhem, Ba Ra Sekhem, Ba Ra Sekhem.
Wir können auch sagen:

Nuk hekau, nuk hekau, nuk hekau.

Und wir sprechen dies, denn dies heißt: ich bin Macht als Licht. Und ich vertreibe die Dunkelheit erneut.

Denn in Wahrheit gibt es nur Gott.

Warum erleben wir dann Trennungen?

Kuthumi ist reine Gnade, und er erhellt uns.

Die Liebe Gottes heilt und unser drittes Auge heilt.
Ba Ra Sekhem.

Wir danken Kuthumi und der lichtvollen geistigen
Welt.

Dies liegt an unseren Erdenleben, die wir so zahlreich hatten.

Und wir erleben uns als Licht, wenn wir aufsteigen.

Und in der neuen Erde, die wir bereits erleben, gibt es diese Trennlinie nicht, denn wir sind Licht, wir sind Liebe, wir sind Wille, wir sind Weisheit, und wir lösen die Dunkelheit, die wir einst selbst erschufen, oder die wir zu ertragen hatten in uns erneut.

Und so erlebet euch als Licht.

Und ich bin, der ich bin.

Wir spüren die Gnade Gottes.
Und sie ist unermesslich.

Und wir lösen uns aus allen Trennlinien, und Trennungen, die die Dualität einst schuf.

Und wir spüren die Leichtigkeit und die Liebe, die dies bedeutet, die Gott ist. Und Gott durchströmt uns; er oder sie ist weder männlich noch weiblich.

Und wir lösen unser Karma.

Denn wir steigen auf.

*Wir bitten Erzengel Raziel uns zu unterstützen
beim Prozess des Eins-Seins. Er heilt uns, und wir
sind Licht. Gott wirkt und Erzengel Raziel.
Wir bitten in tiefer Liebe und Demut:
Gott, bitte erhelle mein drittes Auge und lasse
mich hell- und klarsehen und heilen im Licht der
Einheit. Befreie mich von allen Eiden, Bünden und
Pakten. Und ich bin Licht.
Und ich diene ausschließlich Gott und dem Licht.
Dies dürft Ihr betonen. In dem Sinne dürft Ihr
bitten:
Gott, bitte helfe mir beim Eins-Sein.
Ba Ra Sekhem, und Erzengel Raziel wirkt erneut.
Ba Ra Sekhem.*

Und wir sind Licht.

Gott lenkt, wenn wir aufsteigen.

Und die Anteile in uns heilen, und unser drittes Auge wird geschult von Gott selber.

Und wir erlauben dies, indem wir sprechen:

Ich bin Ba Ra Sekhem.

Und wir manifestieren aus dem höchsten Bewusstsein, dass wir Liebe und Licht sind.

Und wir sind dies. In der Reinform sind wir nur Licht.

Und wir leben dies, wenn wir sollen.

Und Atlantis entsteht in uns.

Dies meint, dass wir zu unserem höchsten Bewusstsein, dass wir als Menschen, und darüber hinaus, tragen können, aufsteigen.

Aufstieg meint, dass wir ganz wir selbst sind, und dass wir ausschließlich Gott und dem Licht dienen.

Und wir betonen dies erneut.

Ich diene ausschließlich Gott und dem Licht.

Bittet Gott, Euer Meister Sein zu leben.
Zum Beispiel durch folgende Bitte:
Bitte, Gott lass mich Deine Liebe spüren, ich bin,
der ich bin.
Bitte heile mich und mein inneres Kind.
Ich bin Licht.
Gott ist, und wir sind Licht.
Und wir spüren unser inneres Kind und es heilt.
Wir sind Licht.
Ba Ra Sekhem.

Und ich bin Licht, ich bin Gott selber, und ich manifestiere aus dem höchsten Bewusstsein, dass ich Liebe und Frieden bin, denn dies bin ich der Reinform.

Und Gott erweckt mein drittes Auge. Den Sitz im Gehirn. Die Zirbeldrüse, die Hirnanhangdrüse, das limbische System, es wird erweckt, es dient dem Licht.

Und in Atlantis wussten wir dies.

Und wir sprechen in tiefer Liebe und Demut:

Ich bin, das Ich-Bin-Bewusstsein.
Und ich lebe im Licht der Einheit.

Und dies heißt, dass wir ganz wir selbst sind.

Ich bin Licht.

Und unsere Leben heilen, denn dies ist Gottes Wunsch.

Und wir steigen auf, wenn dies Gottes Wille ist. Und das ist er, und alles ist Licht.

Und wir erleben uns als Licht.

Und wir bekunden dies erneut:

Ich bin Licht, ich bin Liebe, ich bin Wille, ich bin Weis-

*Erzengel Raphael, ich bitte Dich, heile mein phy-
sisches Sein, ich bitte Dich, mich mit göttlicher
All-Liebe zu heilen und mein Sein zu klären.
Ich bitte dich, geliebter Erzengel Raphael, lass
mich Deine Liebe spüren.
Ich bin Licht.
Ich bin Liebe, ich bin Wille, ich bin Gott selber,
und ich manifestiere, dass ich Licht und Liebe bin,
ägyptisch: Ba Ra Sekhem.
Und Erznegel Raphael, bitte heile auch mein lim-
bisches System, meine DNA, mein ganzes physi-
sches Sein erneut.
Bitte stelle meien göttliche Gesundheit wieder her.
Ich danke Dir von Herzen.*

Spürt die Liebe Gottes, und Ihr seid Licht.

heit. Und ich manifestieren dies.
Denn ich bin Licht.

Und Gott heilt.

Und mein inneres Kind strahlt.

Und wir spüren dies.

Übungen...

Und wir üben nun das Hellsprechen, das Hellsehen, das Hellfühlen.

Und Gott erlaubt dies, wenn er es will.

Und er will.

Und alle Chakren sind Licht.

Und sie leuchten von der göttlichen Ur-Quelle allen Seins bis zum tiefsten Verankerungschakra in Mutter Erde oder auf fernen Planeten.
Und alles ist Licht.

Und alle Chakren sind Licht.

Spürt die Liebe Gottes in Eurem Herzen, und die Erzengel helfen.

Ich bitte Dich Gott, lass mich Deine Liebe spüren, und von nun an jeden Tag erneut.

Ich bin Liebe, ich bin Wille, ich bin Weisheit, ich bin Gott selber. Und ich manifestiere aus dem höchsten Bewusstsein, dass ich Liebe bin.

Ba Ra Sekhem, und die Einheit stets in mir zu erleben. Und ich bin, der ich bin.

Ba Ra Sekhem.

Und ich bin Licht.

Ich danke Gott und den Engeln und Erzengeln von Herzen.

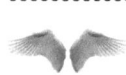

Und wir spüren dies.
Und wir sind Licht.

Lassen wir einmal vor unserem geistigen Auge einen Baum entstehen.

Wie sieht dieser Baum aus?

Hat er Blätter, ist sein Stamm groß und mächtig, oder schmal?

Wir spüren dies.

Können wir den Baum berühren? Und ihn richtig umarmen?

Wir lösen erneut alle Versprechen, die wir der Dunkelheit jemals gegeben haben.

Und wir sind Licht.

Wir spüren jetzt Erzengel Gabriel und Erzengel Metatron.

Sie heilen unseren Baum des Lebens.

Und wir spüren und schauen erneut: sieht der Baum nun völlig voller Frieden, Ruhe und tiefer Lebensfreude aus?

Geliebter Erzengel Metatron, bitte unterstütze mich. Ich bitte Dich, mich zu heilen und die heilige Geometrie wirken zu lassen. Ich bin Licht, ich bin Liebe, ich bin Wille, ich bin Weisheit, und ich manifestiere dies, denn ich bin Licht und Liebe.

Lass mich Deine Liebe und Deinen Willen spüren, geliebter Erzengel Metatron. Bitte heile mich, meine Krone, bitte löse alle negativ geschöpften Blaupausen und auch durch Isis Bänne und Flüche auf mich, mein Sein und alle Magien weichen, auch aus früheren Leben. Und so bin ich Licht, und ich bin Metatron. Und so leuchtet die Geometrie des Metatrons und heilt alte Wunden und Raumfalten in mir und uns. Und ich bin Licht. Und so bitte ich die Mächte & Throne zu Hilfe und ich bin Licht. Und sie wirken. Auch meine Ahnen heilen und ich mit ihnen, denn ich bin, der ich bin. Isis wirkt, und ich bin Licht. Ba Ra Sekhem.

Dann lehnen wir uns an ihn, umarmen ihn, sind Licht.

Spüren wir die Liebe Gottes und der Engel und Erzengel in uns?
Dann hat Gott unser drittes Auge erweckt.

Nun entsteht ein neues Bild.

Wir spüren das Bild eines Flusses. Wie sieht dieser Fluss aus? Strömt er? Sind in ihm Steine, Barrieren, Hindernisse?

So bitten wir nun Gott und die Engel und Erzengel diesen Fluss zu heilen, und uns die Steine und Barrieren aus dem Weg zu räumen.

Und wir spüren, wie sich der Fluss nun anfühlt.
Wir bitten Gott, uns zu erwecken und zu erheben, und wir sind Licht, wir sind Wille, wir sind Weisheit wir sind Liebe, und wir channeln in der Reinheit.

Und unser drittes Auge heilt, und der Fluss des Lebens, ist er begrenzt, oder strömt er in uns?

Wir spüren dies. Und Gott erlaubt es.

So bitten wir erneut:

Gott erhelle mein drittes Auge, so dies nun erlaubt ist. Und ich bitte dich, dass alle Barrieren im Fluss meines

Geliebter Erzengel Metatron, heile mein Sein.
Ich bitte Dich in Liebe, mein Bewusstsein zu hei-
len. Ich bin, der ich bin.
Ich bin Licht, ich bin Liebe, ich bin Gott selber, und
ich manifestiere aus dem höchsten Bewusstsein,
dass ich Liebe bin.
Ba Ra Sekhem, ägyptisch, Geist/Hohe Seele/
Höchstes Selbst, Bewusstsein - Ra, Lebenskraft
und -fülle. Und ich bin Licht.

Lass mich Deine Liebe spüren, und ich bin Gott
selber.
Gott, ich danke Dir.

Lebens nun weichen, und ich in der Reinheit des göttlichen Bewusstseins Channel sein darf.

Und ich bin dies.

Und mein drittes Auge heilt.

Und ich bitte nun den sogenannten Licht-Horus, mich und mein drittes Auge zu heilen, zu durchströmen, mir „seine dritten Augen" zu integrieren.

Und wir spüren dies. Der Licht-Horus durchströmt uns.

Und wir sind Licht.

Und wir leben im Licht der Einheit, so dies auch Gottes Wille ist.

Und wir erlauben uns dies.

Und wir spüren erneut, wie liebevoll Gott ist, und wie gnadenvoll der Licht-Horus ist.

Und Gott heilt uns.

Und wir blicken erneut auf den Fluss unseres Lebens, und wir sehen, wie liebevoll, wie gleichmütig, wie friedlich er ist. Falls er dies nicht ist, bitten wir erneut, dass die Engel und Erzengel uns durchströmen.

Lass mich fühlen, wie liebevoll ich bin, und ich bin Licht.
Gott, ich danke Dir.
Denn ich bin Licht.
Die Erzengel heilen mich, wenn ich darum bitte, und so dies Gottes Wille ist.
So kann Erzengel Raphael sehr viel Transzendenz bewirken, und den Ba der Einheit wieder herstellen. Wir können bitten:
Ich bitte Dich, geliebter Erzengel Raphael, erhöhe mein Sein. Verbinde mich mit Gott selber, und verbinde mich mit Deiner Kraft. Heile auch meinen Körper, und lass mich Deine Liebe spüren.
Ich bin Licht.
Es gibt keine Trennungen, auch im Körper nicht.
So sind wir Licht.

Ist der Fluss nun geheilt?

Wenn er rein und klar fließt, ist unser drittes Auge nun heil.

Wir können es trainieren. Und wenn wir einmal in frühere Leben blicken, so kann dies dazu beitragen, dass wir noch heller sehen und hören sowie fühlen.

Und wir spüren dies.

Gott erlässt uns unser Karma.

Dies sind Hindernisse auf dem Weg zur Ganzheit.

Und wir bitten nun den Meister Kuthumi sowie den Meister Merlin uns in ein früheres Leben zurückzuführen. Vor unserem geistigen Auge baut sich dies auf.

Nehmen Sie sich nun etwas Zeit.

Denn wir schauen in ein Leben, in dem unser drittes Auge besonders geöffnet war.

Und wir bitten dazu die Engel und Erzengel um Unterstützung.

Zum Beispiel durch folgende Affirmation oder Bitte:

Erzengel Metatron, ich bitte Dich, geliebter Erzengel, verbinde mich mit Deiner Macht und Klarheit, und ich bin, der ich bin.
Ba Ra Sekhem.
Und die Macht Gottes wirkt in mir, ich bin Licht.
Die Macht Gottes, Geburah, Netzach, Binah, ist Klarheit, Wissen und Hellfühlen, Macht und Liebe zugleich, Heilung und Transzendenz.
Und wir sind Licht.
Ägyptisch: Ba Ra Sekhem.
Und die Anteile heilen, die in der Trennung waren.

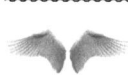

Ich bitte Gott und die Engel und Erzengel über mich zu wachen, während ich eine Rückführung mit Meister Merlin und Kuthumi mache.

Ich bitte das Alles zum höchsten Wohle Aller gefügt wird, und dass ich klar und rein sehe.

Ich bitte, dass Gott lenkt. Ich bin Licht.

Ich bin, der ich bin.

Ich bin das Ich-Bin-Bewusstsein.

Und ich erlaube dies.

Und ich spüre nun, dass die Engel und Erzengel mich begleiten auf der Reise zu mir selbst, in ein früheres Leben.

Und Gott erlaubt es.

Und ich bitte darum, indem ich spreche:

Ich bin Gott selber, und ich werfe nun einen Blick in meine Akasha.

Wir begeben uns in eine Trance.

Und wir sprechen:

Erzengel Metatron, ich bitte Dich erneut, lass mich Deine Liebe spüren. Ich bitte Dich, geliebter Erzengel Sandalphon, erhöhe mein Sein.

Lass mich alle Lichtportale erschließen. Lass mich Gott selber dienen, und ich bin, der ich bin.

Ich danke Euch von Herzen. Und in Wahrheit bin ich Gott selber.

Und die Macht Gottes wirkt. Ba Ra Sekhem, ägyptisch, für reines Bewusstsein, Macht und Fülle im Leben und der Spiritualität.

Ich bin Licht, dies dürft Ihr sagen.

Ba Ra Sekhem. Und ich bin Licht. Ba Ra Sekhen.

Und die Macht Gottes wirkt und klärt den Ba der Trennung zur Einheit in uns selber. Ba Ra Sekhem, um dies zu betonen.

Ich bin Licht, ich bin Liebe, ich bin Wille, ich bin Weisheit.
Und ich manifestiere aus dem höchsten Bewusstsein, dass ich Liebe bin. Ich und mein inneres Kind, wir gehen den Weg gemeinsam.
Ich beginne mit der Trance.

Und ich spüre nun, wie der Erzengel Gabriel mich begleitet, und mich in die Trance fallen lässt. Und dann spüre ich, was geschieht.

Die Engel begleiten mich, und ich bin Licht.

Was nehmen wir wahr?

Was zeigt sich?

Sehen wir unser früheres Leben? Wir spüren es, und wir sind Licht.

Und wir erwecken uns selbst.

Manchmal waren wir in früheren Leben Weise, Spirituelle und hellsichtig.

Und unser drittes Auge heilt.

Was nehmen wir wahr in dem früheren Leben?

Erzengel Metatron, ich rufe Dich, lass mich Deine Liebe spüren.
Ich bin Liebe, ich bin Licht, ich bin Wille, ich bin Weisheit, und ich manifesitere aus dem höchsten Bewusstsein, dass ich Liebe bin.
Ba Ra Sekhem, und ich bin Licht.

Gott, bitte erlaube mir nun, die Macht der Engel und Erzengel in mir zu spüren, und reine Transzendenz sei.
Ich heile alles, was nicht in der Liebe ist, denn ich bin Licht.

Lassen wir dies wirken.

Durch uns strömt Gott.

Und wir sind Licht. Wir sind, die wir sind.

Und wir erleben uns als Licht.

Die Engel und Erzengel wirken, damit unsere Krone heilt, und unser drittes Auge.

Haben wir Macht in dem früheren Leben besessen?

So spüren dies.

Und wir sind, die wir sind.

Und diese Macht fließt wieder zu uns.

Und wir erleben uns als Licht.

Und Gott erlaubt dies.

Wir sind, die wir sind.

Und unser drittes Auge heilt.

Und wir erleben unsere Spiritualität.

Und wir sind Licht.

Erzengel Metatron, ich bitte dich, lass mich im Würfel Metatrons erwachen zum Licht.
Und ich bin in Wahrheit dieser Erzengel Metatron, und ich bin Licht.
Ägyptisch: Ba Ra Sekhem.

Und so weicht die Dunkelheit in mir, so dies Gottes Wille ist. Und ich bin Leben.
Ich bin Wille, ich bin Weisheit, ich bin Gott selber. Ich manifestiere aus dem höcshten Bewusstsein, dass ich Liebe bin, und ich bin Licht.
Ba Ra Sekhem.

Lasst dies nachwirken.

Und Gott heilt.

Gott ist Licht.

Und wir mit ihm, wir sind Gott.

Und so Gott es erlaubt, so heilt er unser drittes Auge erneut.

Und so liebt uns Gott unendlich.

Wir sind Licht, Willen Liebe, wir sind Gott selber. Und wir manifestieren aus dem höchsten Bewusstsein, dass wir Liebe sind.

Weitere Heilung des 3. Auges

Ich bin Licht, dies sprechen wir erneut.

Wir spüren die Liebe Gottes.
Und wir sind die Liebe Gottes.

Wir vergeben uns nun selber für alle früheren Leben.

Wir sind Licht.

Ich wirke im Licht der Einheit, dies dürft Ihr sagen.
Und ich bin, der ich bin.
Ich bin Licht.
Und ich lebe im Licht der Einheit. Dies meint, ich
bin Leben und Gott wirkt.
Ich bin Licht.
Ba Ra Sekhem, ägyptisch, und die Anteile heilen.
Und wir leben, liebe, atmen und tanzen im Licht.

Und die Vergebung fließt ein.

Gott und unser drittes Auge sind eins.

Und Gott heilt uns.

Wir werden nun das dritte Auge schulen.

Hierzu bitten wir Erzengel Raziel, uns zu helfen.

Wir können sprechen:

Geliebter Erzengel Raziel, bitte öffne mein drittes Auge vollständig, und ich bin Licht, ich bin, der ich bin.

Ich bin das ich bin Bewusstsein.

Und ich manifestiere aus dem höchsten Bewusstsein, dass ich Liebe bin.

Erzengel Raziel, ich danke dir von Herzen.

Spüren wir Liebe Gottes und des Erzengel Raziel?

Er heilt unser drittes Auge und öffnet es erneut.

Spüren wir dies?
So lassen wir es geschehen, ansonsten bitten wir erneut:

Wir sind Licht, und im Licht gibt es keine Trennungen. So leben wir im Licht, und wir sind Leben.
Erzengel Metatron wirkt und auch Erzengel Raphael. Sie heilen Euer Sein.
Und unendliche Liebe und Gnade.
Spürt die Liebe der Engel, und Ihr seid Licht.
Ihr seid Leben.
Ba Ra Sekehm, für ägyptisch: Lebenskraft und Eins-Sein. Wir sind Licht. Ba Ra Sekhem, und die Anteile in uns heilen.

Erzengel Raziel, bitte erlasse mir das Karma aus früheren Leben.

Heile mein drittes Auge und öffne es erneut.

Ich danke dir von Herzen.

Wir spüren die Liebe Gottes, wir sind Licht.

Und nun begeben wir uns in die reine Transzendenz.

Wir sind, die wir sind.

Und ich bin, der ich bin.

Wir spüren dies.

Und ich bin Licht, und so ihr, so die Leser dieses Buches.

Und wir bitten Gott in tiefer Liebe und Demut, uns erneut alles Karma zu erlassen, und wir erhellen uns selber, so nennt man dies.

Und wir spüren die Liebe Gottes.

Und Raziel reicht uns die Hand.

Wir spüren auch seine Gegenwart.

Erzengel Sandalphon, ich rufe Dich. Bitte heile meine Trennungen. Ich bitte Dich, lass mich Deine Liebe spüren, und ich bitte Dich um Liebe und Frieden im Herzen. Lass mich Liebe sein.

Lasst dies wirken und spürt die Liebe des Engels.

Und wir sind, die wir sind.

Und Gott ist, und wir sind.

Was möchte Erzengel Raziel?

Wir spüren hinein.

Wir sind Licht.

Und wir sind Glück.

Wir sind nie gefallen aus der Einheit.

Und wir sind Liebe.

Und wir spüren dies.

Und Gott heilt uns, und Erzengel Raziel reicht uns die Hand.

Als nächstes stellt sich der Licht-Horus vor in uns.

Er reicht uns ebenso die Hand.

In Ägypten galt er als Gott der Einheit, des Aufstiegs, und der echten Erweckung.

Wir spüren ihn.

Erzengel Raphael, ich bitte Dich erneut, mich zu heilen.
Lass mich wissen, wie liebevoll Du bist, und die lichtvolle geistige Welt.
Ich bin Leben, ich bin Licht, und ich bin Wille, und ich manifestiere, aus dem höchsten Bewusstsein, dass ich Liebe bin.

Ägyptisch: Ba Ra Sekhem.
Und wir lösen den Ka der Trennung in uns.
Wir sind, die wir sind. Ba Ra Sekhem.

Er erhellt unser drittes Auge.

Und er heilt es, er durchströmt uns, und er versorgt uns mit Gottes Gegenwart.

Spüren wir seine Gegenwart?

Und er durchströmt uns und verbindet uns mit Gott.

Und wir sind Licht.

Und wir sind Glück.

Die Licht-Horus Augen leuchten in uns, und sie werden uns jetzt integriert, so dies Gottes Wille ist, und dies ist er.

Und wir sind Licht.

Jetzt liebt uns der Licht-Horus unendlich, und wir spüren dies.

Wir baden in seinem Licht.

Und unser Glück ist es, erweckt zu werden.

Und alles was unserem Licht nicht dient, möge nun weichen.

Ob dies Deckerinnerungen aus der Kindheit sind,

*Erzengel Sandalphon, ich rufe Dich. Bitte spüre,
wie liebevoll ich bin, und lass mich erfahren, wie
göttliche All-Liebe wirkt.*
Wo habe ich Blockaden?
*Dann bitte ich Dich, diese Blockaden zu lösen,
und mich heil sein zu lassen.*
*Ich danke Dir von Herzen, geliebter Erzengel San-
dalphon.*

(so genannte psychologische Bremsen, die verhindern sollen, dass wir an tiefere Traumen herantreten, und uns selbst ganz begreifen), oder ob dies Mechanismen, Musterprobleme, Ängste, Verlassenheitsgefühle in uns sind, oder sogar Neurosen, sie weichen.

Und wir sind Glück.

Wir spüren die Liebe Gottes, und sie heilt uns unendlich.

Und Gott heilt auch alte Traumen aus der Kindheit, nicht gelebtes Glück, und wir spüren dies.
Und dies wirkt nach.

Wir kennen psychologische Mechanismen der Menschen, sich vor anderen emotional zu verstecken.

Wir nennen dies Rollenspiele. Auch hierüber könnte man ein Buch schreiben.

Wir lösen so viele Rollenspiele wie möglich, die wir vor uns selbst und vor anderen Spielen, jetzt in diesem Moment.

Dies geschieht durch die Anrufung der höchsten Anteile, die unendlich geliebt warten auf die Rückkehr in die Einheit, in der es keine Trennung mehr gibt.

Wir sprechen zum Beispiel:

Gott lenkt, und wir sind die Erde.
Wir sind Licht, Liebe, Wille, und die Weisheit Got-
tes, und wir sind Licht.
Gott liebt uns unendlich.
Und wir lieben Gott. Und wir sind Leben.
Die reine Gnade Gottes fließt ein. Und so sind wir
Leben. Spürt die Liebe Gottes, und die Engel sind
wir selber. Wir sind, die wir sind.
Lassen wir uns von Gott heilen, und wir sind Licht.
Und unsere Zellen leuchten. Und wir sind Licht.
Danke Gott von Herzen, der wir in Wahrheit sind.

Gott, bitte erlasse mir mein Karma erneut.
Ich bin Licht, ich bin Liebe, ich bin Wille, ich bin Weisheit, ich bin Licht.
Ich bitte dich, alle Trennungen in mir zu lösen, denn in mir gibt es keine, es sei denn, ich habe erlaubt, Ihnen zu existieren.
Ich erlaube dies nicht mehr.

Ich bitte nun meine höchsten Anteile zu mir zu treten, und mir die Weisheit Gottes zu vermitteln.
Und so bitte ich euch, meine Rollenspiele von mir zu nehmen, eventuelle Traurigkeit in mir zu lösen, meine psychologischen Probleme zu heilen.

Ich bitte, dass dies nun geschehen, und ich danke den höchsten Anteil, dich ich in Wahrheit selbst bin.

Ich danke Gott, der ich in Wahrheit selbst bin.

Und ich spüre dies.

Und während sich dies vollzieht, spüre ich die Liebe Gottes, und mein drittes Auge heilt erneut, so dies Gottes Wille ist.

Was nehmen wir nach diesen Affirmationen wahr?

Fühlen wir uns leichter?

Spüren wir eine Veränderung?

Wir heilen im Licht der Einheit.
Wir sind, die wir sind. Und wir sind Licht.
*Spüren wir die heilige Geometrie, sie leuchtet und
wirkt in uns.*
*Gott ist unendliche Liebe und Gnade, und er oder
sie ist weder weiblich noch männlich, sie ist Licht
unendliche Gnade und Fülle, und reine Transzendenz.*
*So sind unsere Lernthemen Licht. Wir bitten Gott
zu Hilfe. Und Erzengel Metatron erhellt die heiligen Geometrien. Wir sind Licht. Und wir sagen: Ba
Ra Sekhem. Uns zu erhöhen ist eine Kunst. Und
diese Gnade wird uns zuteil, wenn wir aufsteigen.
Dies ist Atlantis, und es heilt. Und der Ba heilt. Die
heilige Barke leuchtet, und die Einheit ist. Ba Ra
Sekhem.*

Was nehmen wir wahr?

Nehmen wir uns Zeit.

In Wahrheit sind Vergangenheit, Gegenwart und Zukunft eins.

Was heißt dies?

Wir sind immer Gott selber.

Wir können alles verändern in uns selber.

Unser drittes Auge heilt, wir können einmal bitten, dass wir dies auch wahrnehmen.

Wir bitten zum Beispiel den Licht-Horus, uns zu durchströmen, und uns zu zeigen, wo wir Lernthemen haben.

Unser drittes Auge öffnet sich. Und wir nehmen wahr, welches Lernthema der Licht-Horus uns zeigt.

Hat es mit diesem Leben zu tun? Oder spielen sogar Sternen-Leben eine Rolle?

Was nehmen wir wahr?

Können wir etwas erkennen?

*Wir sind geboren in Licht und Liebe, und wir sind
Licht, und Gott heilt uns.
Ba Ra Sekhem.
Und uns wachsen Engelsflügel.
Ba Ra Sekhem, und die Anteile heilen in uns
erneut.
Und unser 3. Auge heilt und wird erhöht, wenn
dies Gottes Wille ist.
Wir spüren, wo Gott uns heit, und wir sind Licht.
Ba Ra Sekhem.*

Spüren wir die Liebe Gottes?

Und wir sind Licht. Und der Licht-Horus offenbart es.

Sollten wir nicht sehen, um was es sich handelt, so bitten wir Gott erneut, unser drittes Auge zu öffnen und zu heilen, es zu zentrieren, und auf Gott auszurichten.

Spüren wir erneut.

Was zeigt sich?

Sehen wir klar und deutlich, um was es sich handelt?

So leben wir im Licht der Einheit und sehen hell und klar.

Ansonsten bitten wir erneut:

Gott, lass mich deine Liebe spüren, heile mein drittes Auge erneut. Ich danke dir von Herzen.

Gott heilt.

Und wir sind Licht.

Und wir spüren erneut die Liebe Gottes, und sie heilt.

Gott heilt erneut.

Gott heilt, und heilt, und Ihr seid Licht.
Ihr lebt im Licht der Einheit, die Anteile in Euch
heilen. Die Engel und Erzengel reichen Euch die
Hand, Ihr seid Licht.
Seid, und die Engel helfen.
Spürt Eure Lernthemen, und Eure Krone heilt.
Löst sie mit Hilfe der Engel, und Ihr seid Licht.
Bittet sie, zum Beispiel Erzengel Metatron.
Und Ihr wisset, dass Ihr immer Licht seid.
Ihr könnt sprechen:

Bitte, geliebter Erzengel Metatron, heile meine
Krone und meine Chakren. Ich bin Licht und liebe
Dich.
Gott liebt Euch unendlich, spürt seine oder ihre
Liebe, und Ihr heilt.

So heilen wir alle Schwüre, die wir jemals geleistet haben, und wir dienen ausschließlich Gott und dem Licht.

Gott ist Licht, und wir sind Gott selber.

Wenn wir dies vergessen haben, wir erinnern uns.

Und wir sind Licht, wir sind, die wir sind.
Wir sind Liebe.

Und wir erhöhen unser drittes Auge, indem wir sprechen:

Gott bitte erhöhe mein drittes Auge. Lass mich Deine Liebe spüren.

Ich bin Licht, ich bin Liebe, ich bin Wille, und ich bin in Licht und Liebe geboren. Ich manifestiere aus dem höchsten Bewusstsein, dass ich Liebe bin, in Liebe, jetzt.

Und ich bin Licht. Und ich löse alle Treueeide, die ich jemals gegeben habe, es sei denn, sie dienen ausschließlich dem Licht.

Und der Licht-Horus erweckt uns erneut.

Spüren wir unser drittes Auge leuchten?

Jesus Sananda ist unendliche Liebe & Gnade. Er ist ein aufgestiegener Meister, der uns die Liebe lehrt. Spürt die Liebe Gottes, und Jesus heilt uns.

Jesus ist Licht und Liebe, und er heilt unser Herz, wenn er soll.

Spürt die Liebe Jesus, und sein Herz öffnet sich für unser Sein. Spürt die Liebe, die er ist. Und Ihr seid Licht.

Er fühlt den Schmerz, den wir, häufig aus der Kindheit in uns tragen. Und wir können ihm das Herz in die Hand geben. Und wir heilen. Lasst dies zu. Und wir sind Licht.

Und tiefe Liebe und Demut wirken in Euch.

Ihr seid, die Ihr seid. Und die Distanz zwischen Mensch und Jesus ist häufig im Herzen. Und dennoch bitten wir in Licht und Liebe zu sein und zu leben, und wir sind heil. Denn Gott ist, und so sind wir Licht und spüren Jesus und die Meister, die uns begleiten.

Und wir lösen unsere Chakren-Reihe.
Und ich bin Ba Ra Sekhem.

Die Chakren-Reihe wird gereinigt, geklärt und gelöst.

Das heißt, dass wir machtvoller sind.

Vielleicht spüren wir dies, und wir bitten Gott darum.

Und wir sind, die wir sind.

Gott liebt uns unendlich. Und er erlöst uns die Chakren-Reihe. In Wahrheit sind wir Licht, und wir lieben das Leben. Und wir lieben die Spiritualität.

Spüren wir die Liebe Gottes?

Sie umfängt uns. Und wir üben das Hellsehen und Hellhören.

Gott, bitte erlöse mich hierzu noch einmal von allen Dunkelheiten. Bitte, lass mich deine Liebe spüren.
Ich und mein inneres Kind, wir gehen den Weg gemeinsam.
Wir sind Licht.
Und Gott, öffne mein drittes Auge.
Ich bitte dich, mich zu durchströmen.

Wir sind Licht – und darum sprechen wir:
Ich bitte Dich, Gott, offenbare mir die Schwingung der Einheit in mir. Ich bin Licht.
Lass mich Liebe sein. Offenbare mir, wie ich aus dieser Einheit heraus wirken und manifestieren kann. Bitte erlaube mir dies:

Ich verbinde mein höchstes Bewusstsein mit dem „niedrigsten", dem materiellen. Oben wie unten, innen wie außen.
Ich bin auf allen Instanzen anwesend, und ich manifestiere, dass ich von nun an aus diesem Bewusstsein wirken kann.
Bitte erlaube mir, meine Kraft nun einzusetzen um eine Manifestation aus dem hohen Liebesbewusstsein zu tätigen, das ich bin.

Ich manifestiere, dass ich nunmehr die Seelenverschmelzung vornehme und durch diese Verbindung des Höchsten mit dem Niedrigsten meine Manifestationsenergie auf allen Instanzen zur Wirkung bringe.
So sei es. So ist es.

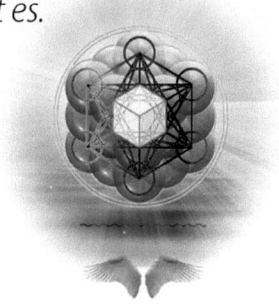

So bitten wir in Liebe: *Gott, bitte heile mich.*

Wir spüren dies.

Gott, bitte erlaube dies.

Und wir spüren die Liebe Gottes.

Gott heilt uns.

Wir sehen nun erneut, wo wir Lernthemen haben. Ob aus diesem Leben oder einem früheren – oder aus Sternenleben.

Welches Thema zeigt sich?

Spürt hinein.

Und Ihr nehmt war, wie lichtvoll ihr seid.

Was seht Ihr, welches Leben zeigt sich?

Und Ihr sprecht:

Ich bin Licht, ich bin Liebe, ich bin Wille, ich bin Weisheit, und ich bin Licht. Ich erlebe mich als Licht.
Und ich sehe hell und klar.

Spürt hinein.

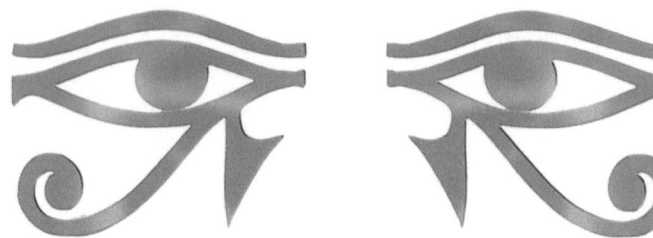

Und Ihr seht hell und klar.

Wenn sich ein Thema zeigt, so bittet Ihr Gott um Hilfe, und wir lösen alle Übertragungen aus der Kindheit, die Eurem Licht nicht dienen.

Und Ihr seid Licht.

Ihr seid auch die Kraft Gottes, und Ihr bittet Gott um Hilfe, um dies Thema zu erlösen.

Seht erneut hell und klar. Und Ihr seid Licht.

Und wenn Ihr ganz aufsteigt, dann werdet Ihr hell und klar sehen.

Und Ihr heilt Euer inneres Lachen.

Spürt dies.

Und wir sind Licht.
Und alles das, was Eurem Licht nicht dient, möge weichen.

Und Ihr seid Licht.

Und wir sind, die wir sind.

Wenn wir ganz Licht sind, dann können wir Hellhören und Hellsehen.

Und wie werden wir dies?

Indem wir Gott bitten.

Zum Beispiel durch folgende Affirmation:

Ich bin Licht, ich bin Liebe, ich bin Wille, ich bin Weisheit, und ich manifestiere aus dem höchsten Bewusstsein, dass ich Liebe und Licht bin.
Ich bitte Dich, Gott, mich aus aller Dunkelheit zu erlösen.

Und wir sprechen dies erneut:

Gott, bitte erlöse mich aus aller Dunkelheit, die ich jemals selbst erschuf, oder die andere mir gönnten, ob in diesem Leben oder einem anderen.

Und wir spüren dies.

Wir lassen dies wirken.

Und wir erhöhen uns selber.

Lasst Euch ganz fallen in die Arme Eurer Seele, und Ihr seid Licht.

Gott liebt Euch unendlich, der oder die Ihr in Wahrheit seid.

Spürt die Liebe Gottes, und die Anteile in Euch sind heil.
Wir sind Licht. Und wir sind, die wir sind.
Und alle „frühkindlichen Bindugsstörungen" sind Illusionen.
Sprecht dies drei mal oder mehrfach:
Alle „frühkindlichen Bindugsstörungen" sind Illusionen. Ba Ra Sekhem.
Und wir sind Licht.
Ba Ra Sekhem. Und Gott heilt.
Er oder sie ist weder männlich noch weiblich.
Und wir heilen in Licht der Einheit.
Ba Ra Sekhem.

Und wir lösen nun alle Klammern in Eurem Sein, die Euch jemals blockierten.

Gebt Gott das Steuer Eures Lebens in die Hände.

Und Ihr tut dies durch folgende Affirmation:

Gott, bitte offenbare mir Dein Mitgefühl.
Lass mich Deine Liebe spüren.
Bitte öffne mein drittes Auge erneut. Lass mich hell und klar sehen.

Ich gebe Dir das Steuer meines Lebens in die Hände und bitte Dich, zu lenken.

Nun bitte ich, dass der Licht-Horus durch mich steigt, ich bitte, dass ich erleuchtet bin und werde.

Und wir sprechen: *Ich bin Ba Ra Sekhem.*

Wir lassen dies wirken.

Spüren wir erneut, wie unser drittes Auge heilt.

Gott liebt uns unendlich. Und er oder sie ist weder männlich noch weiblich.

Und wir spüren die Kraft Gottes, und sie wirkt.

Wir lösen erneut alle Verträge mit der Dunkelheit.

Wir sind Licht und Leben, und Gott heilt. Wir sind Leben. Und wir spüren die Liebe Gottes. Und Gott heilt. Alles ist Licht, und die Erde heilt. Wir sind, die wir sind.
Und wir sind Leben, ägyptisch: Ba Ra Sekhem. Und Gott ist.

Zum Beispiel, indem wir sprechen:

Ich löse nun alle Verträge mit der Dunkelheit, ob auf diesem oder fernen Planeten, ich bin Licht, ich bin Liebe, ich bin Wille, ich bin Weisheit. Ich bin Gott selber. Und ich manifestiere dies.

Und Gott erlaubt dies.

Und wir spüren die Gnade Gottes, sie heilt.

Und unser drittes Auge heilt.
Es öffnet sich für Gott, der oder die uns unendlich liebt.

Und wir spüren die Gnade Gottes erneut. Sie lässt uns hellsehen. Und wir spüren dies.

Und wir üben nun das Hellsehen erneut.

Wir können dies mit einem Menschen machen und zum Beispiel seine Aura sehen.

Wir müssten den Menschen und die Seele um Erlaubnis bitten.

Fragen wir einen Bekannten oder Verwandten, ob wir einmal sein Aurafeld sehen dürfen.

In der Regel erlaubt die Seele dies.

Wenn wir ganz demütig bitten, können wir dies auch spüren.

Fragen wir Sie. Hören wir sie oder spüren wir sie, zum Beispiel, indem unser Körper leicht nach vorne wippt, dürfen wir das Aurafeld der Seele wahrnehmen.

Dies ist ein Geschenk.
Wenn wir dies zum ersten Mal machen, wird uns vieles klarer. Nämlich, dass wir Energie sind.

Unter anderen speichern sich unsere Themen in unseren Feldern.
Aber auch Gesundheit und Frohsinn.
Wir können aber auch zum Beispiel Traurigkeit sehen in der Aura eines Klienten bzw. unseres Gegenübers. Wir können es auch hellspüren.

Wir können nun bitten, dass Gott die Aura unseres Gegenübers heil sein lässt. Wir machen also eine (vielleicht) erste Heilarbeit.
Und wir spüren dies eventuell unmittelbar.

Wenn wir Farben sehen, und wenn wir uns konzentrieren, so heißt dies, dass Gott sich offenbart.

Er zeigt die Seele des Gegenübers und den Menschen.

Und wir spüren die Liebe Gottes, und sie heilt.
Wir sind, die wir sind.
Und wir spüren auch Gott selber.
Er oder sie ist unendliche Macht und Gnade und
heilt unser drittes Auge erneut. Lassen wir dies zu.
Durch folgende Bitte zum Beispiel:

Gott, bitte heile meine Hellsicht erneut. Ich bin
Licht. Und ich bin Liebe, ich manifestiere aus dem
höchsten Bewusstsein, dass ich Liebe bin.
Ich danke Gott von Herzen, der wir in Wahrheit
selbst sind.

Sehen wir Probleme, bitten wir erneut Gott und die Engel um Heilung.

Wir können dies ebenso pauschal machen, zum Beispiel durch folgende Anrufung:

Gott bitte erlöse mein gegenüber von seiner Dunkelheit und Schwere, und ich bin Licht. Lass ihn Deine Liebe, Deine Gnade spüren, wenn dies Dein Wille ist.
Bitte lass die Aura meines Gegenübers heilen, in Liebe, jetzt.

Und ich heile ebenso durch diese Bitte.

Eventuell nehmen wir noch Schwere war in uns selbst oder im Anderen.

In diesem Falle bitten wir Gott und die Engel erneut um Hilfe:

Gott, ich bitte Dich, die Energien meines Gegenübers und meine eigenen zu klären, eventuell durch die Erzengel, sowie die aufgestiegenen Meisterinnen und Meister. Ich danke Dir von Herzen.

Wir lassen dies wirken und spüren erneut.

Ändert sich das Aurafeld meines Gegenübers?

Sehen wir wieder hell und klar.

Ich bitte um Wiederherstellung meiner göttlichen
Einheit, ich bin Licht, ich bin Liebe, ich bin Wille,
nud ich bin, der ich bin. Und bin Gott selber.
Und alles in mir heilt erneut.
Gott ist, und wir sind Licht.
Ba Ra Sekhem.
Und die Erde ist Licht.

Gott, ich danke Dir von Herzen.

Und wir spüren erneut die Aura.

Wenn wir Gott bitten, dies in einem heiligen, heilenden, multidimensionalen, galaktischen und omniversalen Raum geschehen zu lassen, wird dies noch reiner und heiler.

Die Engel wirken. Und dieser Raum ist bereits geöffnet worden.

Und wir sprechen erneut:

Ich bin Licht, ich bin Liebe, ich bin Wille, ich bin Weisheit.
Und ich erlaube mir selbst das Hellhören und das Hellsehen, das Hellfühlen.
Sollte ich mir dies in früheren Leben verboten haben, so weichen diese Verbote erneut.
Ich bin innere Harmonie und Weisheit.
Ba Ra Sekhem, um dies ägyptisch zu betonen.

Und wir heilen erneut.

Und wenn wir uns ganz dem Weg des Lichtes öffnen, so sind wir Licht, und wir betonen dies.

Zum Beispiel, indem wir sprechen:

Ich wähle das Licht, und nicht den Schatten, ich bin Licht.

Gott ist Licht, und wir sind. Und so sind wir Licht.
Wir hören hell und klar. Und alles ist mit allem
verbnuden. Und alles ist Licht.
Ba Ra Sekhem, und wir sind Licht.
Gott heilt in uns. Und wir sind Leben.

Wir sprechen in Liebe und Frieden:

Ich bin Licht, ich bin Liebe, ich bin Wille, ich bin Weisheit.
Und ich habe mir selbst nie das Channeln verboten.
Auch nicht das Hellsehen oder das Hellfühlen.
Ich bin Licht und Liebe.
Und ich sende dies in die Welt.

Lasst dies wirken.

Und es heilt. Unser drittes Auge heilt erneut. Und wir bitten Gott darum.

Gott, bitte heile mein drittes Auge erneut.
Und ich bitte auch Kuthumi, mir zu helfen.
Ich bitte, dass dies wirkt.

Und wir lassen dies wirken.

In den folgenden Tagen werden wir das Hellsehen in uns vervollständigen.

Und wir werden stets bitten, dass dies gelingt.

Wir können eine kleine Übung anschließen, oder das Aurasehen vertiefen.

Wir bitten Gott darum.

Gott ist Licht, und wir sind. Und so sind wir Licht.
Wir hören hell und klar. Und alles ist mit allem
verbnuden. Und alles ist Licht.
Ba Ra Sekhem, und wir sind Licht.
Gott heilt in uns. Und wir sind Leben.

Wir waren bereits als Kind hellsichtig und hellfühlig.

Wir betonen dies.

Nun spüren wir die Aura bei uns selber.
Wir blicken in unser Aurafeld.
Wie sieht es aus?
Ist es hell und klar? Welche Farbe hat es?

Wir spüren unmittelbar, wie es sich anfühlt.

Und wir sehen die Farbe, wenn wir hellsichtig sind,
und wir konzentrieren uns darauf.

Wenn wir dies fühlen und sehen, sind wir einen
Schritt weiter.

Wir wiederholen diese Übung öfter.

Und wir bitten um Gott um Erlaubnis, einmal in die
Zukunft zu sehen.

Bitte Gott, lass mich in die Zukunft blicken.
Lass mich Deine Liebe spüren, lass mich Dein Gewahr-
sein in mir spüren.

Und dies wirkt.

Was sehen wir? Ist es die eigene Zukunft?
Oder spüren wir etwas anderes?

Lassen wir es wirken.

Und Gott heilt.

Er möchte, dass es uns gut geht.

Spüren wir dies?

Dann sind wir geheilt(er).

Was sehen wir?

Wir lösen erneut alle Seelenverträge, alle Treueeide, die dem Licht nicht dienen.

Und wir sind Licht.

Jetzt schöpfen wir in Liebe, dass wir Licht und Liebe sind.

Und wir blicken erneut in die Zukunft.

Was sehen wir?

Und wir heilen dies erneut.

Gott ist unendliche Liebe und Gnade. Und er erlaubt dies.

Und wir channeln in der Reinheit des göttlichen Be-

wusstseins, und wir sehen hell und klar.

Was zeigt sich vor unserem geistigen Auge?

Wenn wir fertig sind mit dieser Übung, sind wir „fertig".

Und wir werden nun häufiger in die Zukunft blicken, und weiter üben.

Merlin heilt uns ebenso, und wenn wir ihn bitten, hilft er uns auch beim Hellsehen und Klarfühlen, sowie der Meister Kuthumi.

Und wir spüren dies.

Wir lassen uns erneut in Gottes Arme fallen.

Wir spüren die Liebe Gottes, und alles ist Licht.

Lasst dies nachwirken.

Und löst Eure Glaubenssätze, die Euer Hellsehen blockieren.

Zum Beispiel, in dem Ihr sprecht:

Gott, bitte löse alle Blockaden, die das Hellsehen verhindern, löse alle Treueeide in mir, die dem Licht nicht

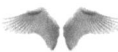

dienen; ich diene ausschließlich Gott und dem Licht.
Und ich manifestiere, dass ich Liebe bin. Ich bin, das
Ich-Bin-Bewusstsein, und ich bin Licht.
Und ich bin Macht als Licht.

Spüren wir erneut, und Gott erlöst die Blockaden, wenn dies auch sein Wille ist.

Spüren wir die Liebe Gottes erneut, und wir sind Licht. Um dies zu betonen: *wir sind, die wir sind.*

Und wenn wir üben, dann übt Gott mit uns das Hellsehen, und wir wachsen am Licht der Einheit, und wir sind dies.

Wir sind Gott selber, und wir können uns, sobald wir uns in den Kanal begeben, so nennt sich dies, die Hellsicht trainieren.

Und wir machen dies durch folgende Bitte:

Ich bin Licht, ich bin Liebe, ich bin Wille, ich bin Weisheit, und ich bin Gott selber. Und ich manifestiere dies, aus dem höchsten Bewusstsein, jetzt.
Ich verbinde mich mit Gott, und ich übe nun das Hellsehen und das Channeln.
Bitte Gott, erlaube dies.

Und wir sind tiefe Liebe und Frieden, und alles Dunkle weicht in uns.

Danke.

Alles ist Licht.

Gott selber

Ich löse erneut alle Klammern, und ihr seid Licht.

Und nun könnt ihr dies, Hellsehen, und ihr seid Licht.

Spürt den Raum, den ihr bewohnt, und spürt ob sich in Euch noch dunkle Stellen befinden, oder in Eurer Wohnung.

Und Ihr bittet Gott, diese Stellen zu beheben (durch die Engel und Erzengel und die aufgestiegenen Meisterinnen und Meister, die Euch helfen). Und dies geschehe nun.

Ihr könnt ägyptisch betonen: *Ich bin Ba Ra Sekhem. Ich bin Macht als Licht.*

Und wahre Hellsicht und Größe Gottes sei.

Übt häufig und klärt Euch mit den Engeln und Erzengeln. Dies sei Euch empfohlen.

Viel Freude mit dem Buch und den Hinweisen und Affirmationen.

Ich danke meiner Familie, meinen Freunden, meiner Lehrerin Tanja Matthöfer, Petra Langner, Maria und Heinrich Schlüter und vielen weiteren Freund/Innen, die die Spiritualität hier auf der Erde verbreiten und sich selbst dadurch neu und hellsichtig erleben.

Weitere Informationen

www.christian-huels.de
Blog: spirit.fotografie-huels.de

Hier finden Sie Meditationen (kostenlose, wie zum Beispiel: Channel-Sein, Monatsmeditationen und weitere, wie Rückführungsmeditationen, Verbindung mit dem Höchsten Selbst, Chakrenklärung und Ahnenheilung...), sowie Channelings (Botschaften der lichtvollen geistigen Welt), sowie Ausschnitte aus Publikationen, die stets in der Reinheit gechannelt sind.

Viel Freude in Ihrem Leben wünscht Ihnen

Christian Hüls

Namasté.